От дълбините на моето сърце
Сборник молитви от трудовете на Рабаш

Bnei Baruch – Kabbalah La'am Association, 2025 – 96 с.

Bottom of My Heart
Assorted Prayers from the Writings of RABASH
Bnei Baruch – Kabbalah La'am Association, 2025 – 96 pages.

ISBN 978-1-77228-201-6

Четем статиите на великия кабалист Рабаш по време на ежедневните ни занятия. Начинът, по който неговите живи молитви докоснаха сърцата ни и излизаха от устата ни, не ни остави безразлични. Събрахме някои от тези молитви и решихме да споделим с вас това съкровище.
Как, кога се издига молитвата от дълбините на сърцето? Докоснете се до молитвите на Рабаш, съживете сърцето си за молитва към Твореца.

http://kabbalah.academy/bg
© 2025 by Bnei Baruch – Kabbalah La'am Association.
4934826, HaRabash St 12, Petah Tikva, Israel.

ОТ ДЪЛБИНИТЕ НА МОЕТО СЪРЦЕ

Сборник молитви от трудовете на Рабаш

"Господи, отвори устата ми и езикът ми ще възвести възхвала към Теб!"

(ПСАЛМ 51:17)

И НИЕ СМЕ МОЛИТВА

Вече повече от година в нашите ежедневни уроци по кабала четем статиите на Рабаш, кабалистът Барух Шалом а-Леви Ашлаг. Не можехме да не отбележим вдъхновяващите и трогателни думи на молитвите, съдържащи се в тези статии, изразени с топли, искрени и проникновени думи, изпълнени с хисарон и написани от първо лице. Начинът, по който живите молитви на Рабаш докоснаха сърцата ни и извираха от устата ни, не ни оставиха безразлични. Събрахме някои от тези молитви и решихме да споделим споделим с вас тези съкровища.

Нашият учител Михаел Лайтман, чиято душа е свързана с душата на неговия учител Рабаш ни учи, че главната грижа на човека трябва да бъде сливането с Твореца. Грижата да няма разделение между човека и Висшата сила, за да бъде той в пряка и постоянна връзка с нея чрез молитва от дълбините на сърцето. А сърцето е желанието на човека.

Нашето желание е противоположно на желанието на Твореца. Неговото желание е да отдава, да обича.

Нашето желание е да получаваме и ние се въртим в кръг около оста на любовта към себе си.

Когато човек напълно отмени себе си, той влага всичките си сили, за да направи желанието си подобно на желанието на Твореца, да се издигне над злото си начало и да се устреми към небесата, към отдаване на Твореца, тогава той вижда, че това е невъзможно и в него възниква молитва от дълбините на сърцето.

Молитвата от дълбините на сърцето се издига, когато човекът вижда колко е противоположен на това, което Твореца очаква от него, той се чувства зле от това и много съжалява.

Той вижда колко е голямо злото начало в него, осъзнава, че срещу него се нуждае от голямо поправяне и от оттук стига до разбиване на сърцето и се разкъсва в молитва, в съвършен хисарон, призовавайки Твореца да го спаси и да го приближи до Себе си.

Всъщност на нас не ни достига само желанието да бъдем свързани с Твореца, да се уподобим на Него, да се слеем с Него.

Четенето на сборника от молитви на Рабаш може да пробуди това желание във всяко сърце.

С любов от Вашите другари

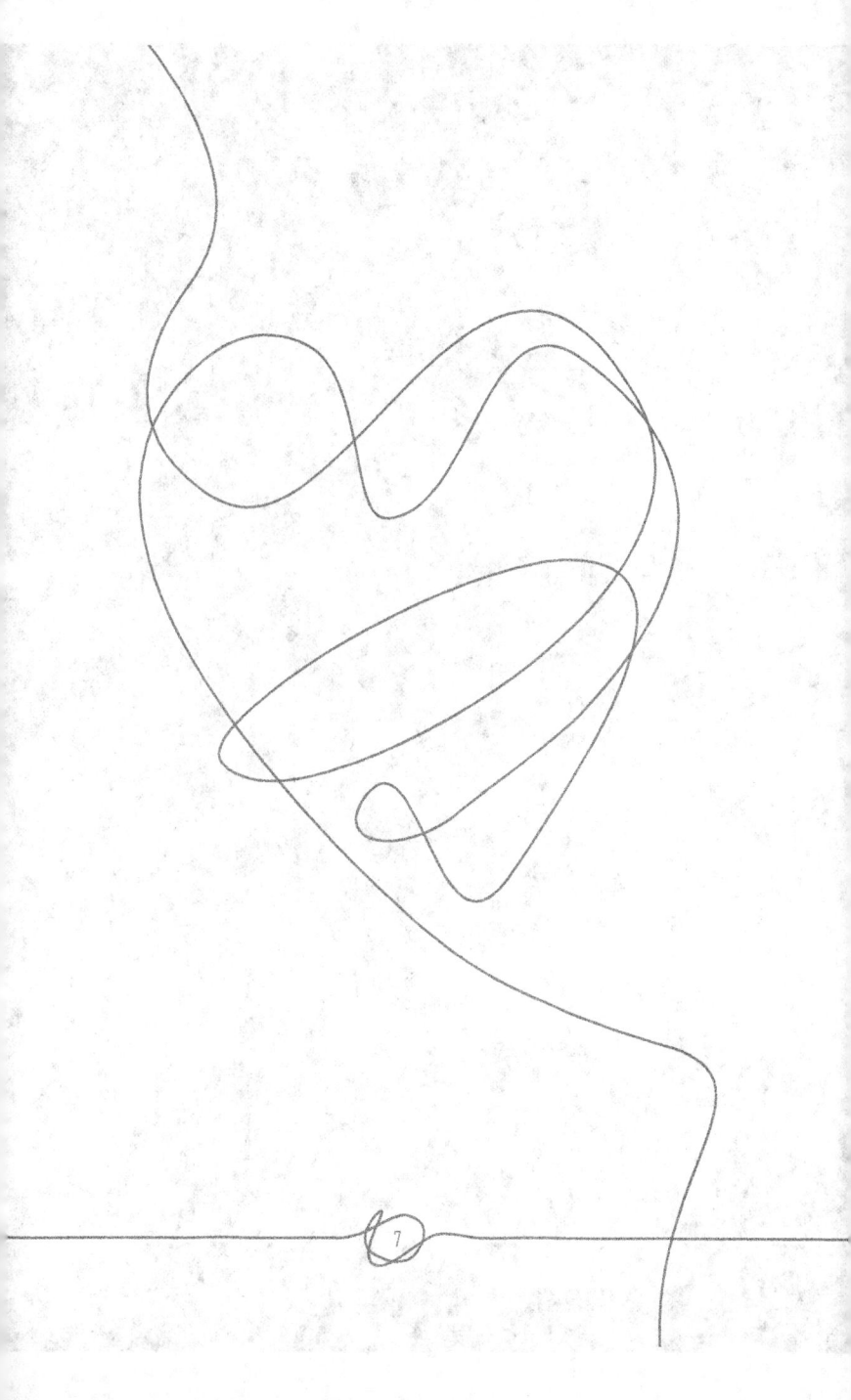

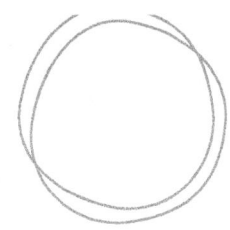

ЧАСТ 1

САМО
ТИ
МОЖЕШ

САМО ТИ МОЖЕШ ДА МЕ СПАСИШ

Длъжен Си да ми помогнеш,
защото от всички съм най-лошият,
защото чувствам, че егоизмът властва
в сърцето ми и тогава няма нищо в светостта,
което да може да влезе в моето сърце.
Не искам никакви излишества,
а просто да мога да направя
нещо заради небесата,
А нямам никаква възможност за това.
Ето защо само Ти можеш да ме спасиш.

(СТАТИЯ "КАКВО ОЗНАЧАВА "ВЪРНИ СЕ ИСРАЕЛ ДО ТВОРЕЦА ТВОЙ ВСЕСИЛЕН"
В ДУХОВНАТА РАБОТА")

ДОКОГА?

„Помилвай ме, Творецо,
защото съм нещастен.
Изцели ме, Творецо,
защото костите ми треперят.
А Ти, Творецо, докога?"
Докога ще остана в състоянието,
в което се чувствам по-зле от всички хора
и няма в мен никакво усещане за духовност?

(СТАТИЯ "ПРАВЕДНИЦИТЕ СЕ РАЗЛИЧАВАТ ОТ ГРЕШНИЦИТЕ")

СМИЛИ СЕ НАД МЕН, ТВОРЕЦО

Осъзнавам моята низост,
че съм много по-лош от другите хора,
но всички останали могат
да преодолеят своето зло,
затова не се нуждаят от Твоята помощ,
докато аз – аз нямам никаква сила
и никакъв разум,
затова се смили над мене.

(СТАТИЯ "КАКВО ТРЯБВА ДА ПРАВИ ЧОВЕК, АКО СЕ Е РОДИЛ
С ЛОШИ СВОЙСТВА")

ДАЙ МИ СВЕТЛИНАТА НА ТОРА

Защото мъдреците са казали:
„Аз създадох злото начало
и създадох Тора като подправка".
Тогава това, което моля от Теб,
да ми дариш светлината на Тора,
е не защото се нуждая от голяма мъдрост.
Затова „нека не се разгори гневът Ти
върху Твоя слуга",
защото цялата светлина на Тора,
която аз моля, не е излишество,
а необходимост.

(СТАТИЯ "И ЙЕХУДА СЕ ПРИБЛИЖИ ДО НЕГО")

ПОМАГАЙ МИ ВИНАГИ, ДОКАТО ДУШАТА Е В МЕН

Владетелю на света, помогни ми сега,
защото все още имам сили да Ти се моля.
Но не мога да знам какво ще бъде после.
Може би дори няма да има кой
да Те моли за помощ.
Владетелю на света, помагай ми винаги,
докато душата е в мен, защото ме е страх,
че след това може би ще умра и ще падна
в място на разединение и отчаяние,
където няма вяра в Твореца,
дори в най-нищожната степен,
че да мога да се моля на Твоето Свято Име.

(СТАТИЯ: "КОЙТО НЕ СЕ Е ТРУДИЛ В НАВЕЧЕРИЕТО НА СЪБОТАТА,
КАКВО ЩЕ ЯДЕ В СЪБОТА" В РАБОТАТА)

ОТ ДЪЛБИНИТЕ ТЕ ПРИЗОВАХ

Сега мога да кажа с пълен глас:
„Песен на издигането. От дълбините призовах Твоето Име".
Защото не е възможно да бъда още по-дълбоко в земята, отколкото съм.

(СТАТИЯ „КАКВО Е „ТРАПЕЗАТА НА ЖЕНИХА")

ДАЙ МИ СЕГА ВТОРА ПРИРОДА

Виждам, че съм далече от Теб
защото съм различен по форма,
която е в мен от егоистичната любов
и тя е основният враг, който е в сърцето ми,
и той е причина за всичко лошо в мен —
то идва, защото Ти си ме създал така…
Не мога да променя тази природа,
с която Си ме създал, но искам от Теб,
както Си ме създал с егоистична любов,
дай ми сега втора природа,
както Си ми дал първата,
дай ми сега желание да отдавам.
Защото против природата,
която Ти си заложил в мен,
аз не съм способен да воювам.

(СТАТИЯ "ТРИ МОЛИТВИ - 1")

НЯМАМ КОГО ДРУГ ДА ПОМОЛЯ ЗА ПОМОЩ, ОСВЕН ТЕБ

Владетелю на света!
Ако Ти не ми помогнеш,
никой не може да ни помогне.
Вече бяхме при всички големи лечители,
които са твои пратеници
и никой не можа да ми помогне.
И няма кой друг да помоля за помощ,
освен Теб!

(СТАТИЯ "РАЗЛИКАТА МЕЖДУ ИСТИНСКАТА МИЛОСТ И НЕИСТИНСКАТА")

ПРЕДИШНИТЕ ДНИ БЯХА ПО-ДОБРИ ОТ ТЕЗИ

Излиза, че аз наистина се намирам
в най-лошото състояние от целия свят,
защото въпреки, че може би има хора,
които стоят по-ниско от мен,
както в Тора, така и в работата,
те не усещат истината така,
както аз виждам моето състояние.
Затова те все още нямат такъв хисарон,
какъвто имам аз. Затова не се нуждаят
толкова много Ти да им помогнеш.
Но аз виждам истинското си състояние:
че нямам никаква връзка с духовното
след всичката работа, която съм вложил,
както във време, така и в усилия.
И все пак днес виждам,
„че предишните дни бяха по-добри от тези".
И колкото и да се опитвам да вървя
напред, чувствам, че вървя назад.

(СТАТИЯ „ТРИ МОЛИТВИ — 1")

ПРЕОДОЛЯВАМ ТЕ

Макар че ти (тяло)
не ми даваш да те преодолея,
но аз искам точно сега
да те преодолея, доколкото мога.
Затова моля за помощ Твореца,
че да мога да те преодолея.
И разбира се сега това е
най-важната възможност,
благодарение на която мога
да се удостоя да вляза в светостта
и да правя всичко за отдаване.

(СТАТИЯ "КАКВО Е" ЧИСТОТА НА ПЕПЕЛТА НА КРАВАТА "В ДУХОВНАТА РАБОТА")

АКО ТИ НЕ МИ ПОМОГНЕШ, СЪМ ИЗГУБЕН

Сега съм достигнал състояние,
в което виждам,
че ако Ти не ми помогнеш,
аз съм изгубен и е невъзможно някога
да имам сили да преодолея
желанието за получаване,
което е моята природа.
И само Твореца може
да ми даде друга природа.

(СТАТИЯ „КАКВО Е „ТОРА" И КАКВО Е „ЗАКОНЪТ НА ТОРА"
В ДУХОВНАТА РАБОТА")

ОТ ТЕСНИНИТЕ ТЕ ПРИЗОВАХ

Дори да Те моля,
да ме спасиш,
Дори на това
не съм способен.

Затова само Ти
можеш да ме спасиш.

(СТАТИЯ „КАКВО Е ТРАПЕЗА НА ЖЕНИХА")

ИЗГУБЕН 1

Владетелю на света,
ако Ти не ми помогнеш,
не виждам никакъв друг начин,
който да ми помогне
да изляза от себелюбието
и да се удостоя със силите
на отдаване и вяра.

(ПИСМО 9)

ИСТИНСКИ ДОВОД

На мен Ти трябва да помогнеш повече,
отколкото на другите,
защото другите не се нуждаят
така много от Твоята помощ,
защото са по-способни от мен
и не са толкова потопени
в егоистичната любов, като мен.
Те са по-дисциплинирани от мене.
И аз виждам, че имам
по-голяма нужда от Твоята помощ,
отколкото останалите хора,
защото сам усещам своята низост,
колко съм далече от Теб,
много повече отколкото всички други.
И усещам, както е написано:
„Освен Теб нямаме цар,
избавител и спасител".

(СТАТИЯ „БЛИЗЪК Е ТВОРЕЦА ДО ВСИЧКИ, КОИТО ГО ПРИЗОВАВАТ")

ИСКАМ ДА БЪДА ЩАСТЛИВ В (ТОЗИ) СВЯТ

Издигам Ти огромна благодарност за това,
че Ти ми даде желание и стремеж
да правя нещо, което да Те наслаждава.
И това е цялата награда в моя живот –
че се удостоих да Ти служа.
И моля Те да ме възнаградиш,
като ми дадеш още желание
и стремеж, за да нямам
никакви странични мисли
да правя каквото и да е за себе си.
А цялото ми желание и стремеж
ще бъдат единствено да работя
в името на небесата.
И мисля, че няма нищо по-важно
на света, с което човек може
да се надява да се удостои в живота си,
за да бъде щастлив в (този) свят.
Защото заради богатство целият свят работи
и всички искат да го постигнат.

Те обаче не знаят какво е щастие!
Но всички са равни в това,
че искат да бъдат щастливи.
А аз зная какво означава да бъдеш щастлив.
Тогава, когато човек се удостоява
да служи на Царя и да мисли
не за собствената си полза,
а за ползата на Царя -
такъв човек е най-щастливия в света.
Откъде го знам?
Защото така го чувствам.
И ето това възнаграждение искам.
Само това!

Затова той казва,
че Твореца трябва да го удостои
да умножава действията си
в името на небесата.

(СТАТИЯ „РАЗЛИКАТА МЕЖДУ ИСТИНСКАТА МИЛОСТ И НЕИСТИНСКАТА")

ДАЙ МИ НОВО КЛИ

Владетелю на света!
Както в началото на сътворението ми
в този свят Ти си ми дал кли,
което (може) само и единствено да получава
за собствена си полза,
моля Те, дай ми сега ново кли,
нека да имам желание само и единствено
да Ти отдавам наслаждение.

(СТАТИЯ „КАКВО Е ГЛАВНИЯТ ХИСАРОН, ЗА КОЙТО ТРЯБВА ДА СЕ МОЛИМ")

ИСКАМ ДА ИЗПЪЛНЯ ТВОЕТО ЖЕЛАНИЕ

Искам да получа сега наслаждение,
защото Твоето желание е да насладиш
Своите създания.
Затова искам да изпълня
Твоето желание –
каквото Ти искаш да ни дадеш.

(СТАТИЯ „КАКВО Е ПРОКЛЯТИЕ И БЛАГОСЛОВЕНИЕ В РАБОТАТА")

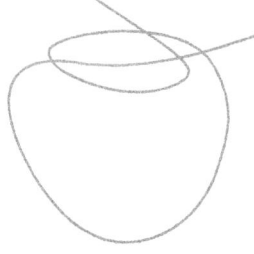

ЗА МЕНЕ Е ГОЛЯМА ЧЕСТ ДА ТИ СЛУЖА

Не искам никакво възнаграждение
за това, че служа, защото се наслаждавам
на самото служене и не изпитвам
нужда да получавам никаква отплата.
Защото всичко, което Ти ще ми дадеш
за това, че Ти служа, чувствам,
че ще навреди на моето служене.
Аз искам само да служа.
Не ми давай никакво възнаграждение.
В това е моето наслаждение.
Защото за мен е голяма чест
да имам право да служа на Царя.

(СТАТИЯ „РАЗЛИКАТА МЕЖДУ ЛИШМА И ЛО-ЛИШМА")

ДАЙ МИ БЛАГО И НАСЛАЖДЕНИЕ

Дай ми благо и наслада!
И аз го искам не за собствено удоволствие
а желая да се наслаждавам,
защото Ти се наслаждаваш от това,
че ние се наслаждаваме.
Единствено с това намерение Те моля
Ти да ми дадеш благо и наслаждение.
Значи, че в мен няма никакво желание
за собствена полза, а всичко,
което мисля и правя,
е за да доставя радост на Тебе.

(СТАТИЯ „РАЗЛИКАТА МЕЖДУ ИСТИНСКА МИЛОСТ И НЕИСТИНСКА")

НА ТЕБ СЕ НАДЯВАМ

„А аз винаги ще се надявам",
че ще мога да си представя реалност,
която е по-важна от това,
което съм способен да си представя сега,
но каквото и да е:
„И ще умножа всяка възхвала към Тебе".
И макар че сега,
за настоящето Те възхвалявам,
но благодарение на това,
че „винаги ще се надявам"
да мога да постигна повече разбиране
за Твоето величие,
ще умножавам възхвалата.

(СТАТИЯ „А АЗ ВИНАГИ ЩЕ СЕ НАДЯВАМ")

ДАЙ МИ СИЛИ ДА СЕ СМИРЯ

Искам да се отменя и да се смиря безусловно.
Но ми дай сила, за да успея наистина
да изляза от егоистичната любов
и да обичам Святото Ти Име
„с цялото си сърце".

(СТАТИЯ "КАКВО Е "ПОТОП НА ВОДИТЕ" В РАБОТАТА)

ЧАСТ 2

ИЗДИГАМ РЪЦЕ

СТОЯ И ТЕ МОЛЯ

Трябва да стоя
и да моля Твореца да ми помогне,
защото съм по-лош
от всички останали.

(СТАТИЯ "КОЕТО ОЗНАЧАВА: "НЕ ЗАСАЖДАЙТЕ АШЕРА ДО ОЛТАРА" В ДУХОВНА РАБОТА")

ТВОРЕЦА БЕЗ СЪМНЕНИЕ ЗНАЕ КАКВО Е ДОБРО ЗА МЕН

За мене не е важно по какъв начин
отдавам на Твореца.
Аз просто искам Той да ме приближи
до Себе си.
И Твореца, без съмнение, знае кога
ще дойде моят час, за да почувствам и аз,
че Твореца ме е приближил.
А сега вярвам, че без съмнение
Твореца знае какво е добро за мен.
Затова Той ми дава да почувствам
това, което чувствам.

Но защо Твореца иска да ме води по този път?
Че аз твърдо трябва да вярвам,
че Той към мен е добър и творящ добро.
И ако вярвам, Той ще ми даде знак: колко
радост има у мене и способен ли съм да Му
отдам за това дух на благодарност, и колко съм
способен да благодаря
и да възхвалявам Неговото име.

(СТАТИЯ „ПО ПОВОД ИСТИНАТА И ВЯРАТА")

ПОЗВОЛИ МИ ДА РАБОТЯ ЗАРАДИ ТЕБ

Искам да служа на Твореца, а не мога,
защото желанието за получаване
отвътре в мен не ми позволява,
но благодарение на действията,
които ще извърша, Твореца ще ми даде
истинско желание да доставям радост
на Твореца и аз вярвам в мъдреците,
които са казали:
„Твореца искаше да пречисти Исраел,
затова им умножи Тора и заповедите".

(СТАТИЯ „КАКВО ПРЕДСТАВЛЯВАТ МРЪСНИТЕ РЪЦЕ В ДУХОВНАТА РАБОТА")

НАСЛАЖДЕНИЕ ЗА ТЕБ

Аз искам, когато се занимавам
с Тора и заповедите,
намерението ми да бъде…
Твореца да се наслаждава от моите действия.

(СТАТИЯ „КАКВО ОЗНАЧАВА „ВСЕКИ, КОЙТО СКЪРБИ ЗА ЙЕРУСАЛИМ,
СЕ УДОСТОЯВА И ГО ВИЖДА В РАДОСТ" В ДУХОВНАТА РАБОТА")

НЕ МИ ДОСТИГА ПОТРЕБНОСТ (ХИСАРОН)

Ще помоля в този миг Твореца
да ми помогне да вървя по моя път,
който сега избрах... казвайки,
че само този път е пряк...

А какво не ми достига?
Това, че виждам как разузнавачите
не ми дават покой, а аз не искам
да вървя по техния път.

И виждам, че всички мои мисли
и желания са само за ползата ми,
а да направя нещо за небесата,
виждам, че не съм способен.

Ясно е, че онова, което не ми достига,
е да моля Твореца, Той да ми го даде?
Това е само кли, наречено „желание".

Просто на мен не ми достига хисарон -
желание да служа на Царя.
И само това да е целият ми стремеж и желание,
и да нямам грижа за нищо друго,
което не засяга работата за Твореца.

(СТАТИЯ „КАКВО ОЗНАЧАВА В МОЛИТВАТА „ДА ИЗПРАВИШ КРАКАТА СИ И ДА ПОКРИЕШ ГЛАВАТА СИ")

ДАЙ МИ СИЛАТА ДА ПОПРАВЯ

Искам да имам сили
да бъда критичен,
да видя истината -
какво имам да поправя.

(СТАТИЯ "КАКВО ОЗНАЧАВА, ЧЕ МОЛЕЩИЯТ СЕ ТРЯБВА ПРАВИЛНО ДА ОБЯСНЯВА ДУМИТЕ СИ")

БЕЗ НИКАКВИ ПРЕДВАРИТЕЛНИ УСЛОВИЯ

И че сега съм на дъното означава,
че свише специално са ме хвърлили долу,
за да знам дали наистина искам
да върша святата работа заради отдаване
или искам да бъда работник на Твореца,
защото това ме задоволява
повече от останалите неща.

(СТАТИЯ "ВСИЧКИ СТОИТЕ ДНЕС")

ТОЙ ЗНАЕ КАКВО Е ДОБРО ЗА МЕН

Покровител е Твореца.
И той знае какво е добро за мен,
и какво не е добро за мен.
Затова Той иска да почувствам състоянието си
така, както го чувствам.

А за мен самия не е важно как се чувствам,
защото искам да работя заради отдаване.

Значи най-важното е,
че трябва да работя за небесата.
И макар да чувствам, че няма в работа ми
ни най-малко съвършенство,
въпреки това, в келим на висшия,
от страна на висшия,
аз съм абсолютно съвършен, както е казано:
„Няма да бъде от Него отхвърлен
отхвърленият".

И аз съм доволен от моята работата –
че ми е дадена честта да служа на Царя,
дори и на най-ниското стъпало.

Но и това също ще се смята за голяма заслуга,
защото Твореца ми е дал възможност
да се приближа към Него поне в нещо.

(СТАТИЯ 3 „ОТНОСНО ИСТИНАТА И ВЯРАТА")

АЗ СТАВАМ ВСЕ ПО-ПОТОПЕН В ЖЕЛАНИЕТО

Дори да съм положил много усилия,
за да се удостоя с желанието за отдаване,
тоест всичко по силите си направих,
но не намерих в себе си желание да отдавам.
И останах с желанието да получавам за себе си
– по-прекомерно и раздуто в сравнение
с началото на работата за придобиване
на желанието да отдавам, желанието на Твореца,
защото Неговото желание
е само желанието да отдава.

И в началото на моите усилия видях,
че всеки път все повече се потапям
в желание да получавам за себе си.

И тогава реших, че наистина
съм положил усилия, но не съм намерил.
Но Твореца ми помогна в това,
че намерих в себе си желание да отдавам.

(СТАТИЯ „КАКВО ОЗНАЧАВА, ЧЕ ИСРАЕЛ ИЗПЪЛНЯВА ЖЕЛАНИЕТО
НА ТВОРЕЦА В ДУХОВНАТА РАБОТА")

СИГУРЕН СЪМ В ТЕБ

Сега съм потопен
в Тора и молитва и съм сигурен,
че Твореца ще ми помогне,
както е помагал на всички
работници на Твореца,
които са искали да вървят по правилния път,
водещ към целта, за която е създаден.

(СТАТИЯ „ВЪВ ВСИЧКО ТРЯБВА ДА СЕ ПРАВИ РАЗЛИКА МЕЖДУ СВЕТЛИНА И КЛИ")

ВЯРВАМ, ЧЕ ТВОРЕЦА Е ЧУЛ МОЛИТВАТА МИ

Аз правя моето, тоест това, което разбирам,
че ще бъде за мое благо и разбирам,
и вярвам, че Твореца без съмнение
по-добре знае моето състояние.
И съм съгласен да вървя, и да се занимавам
с Тора и заповедите, сякаш Твореца
ми е помогнал според моето разбиране,
че Той трябва да отговори на моята молитвата.

И макар да виждам, че на това,
което съм поискал, Той не ми е дал
никакъв отговор, все пак вярвам,
че Твореца е чул мята молитва
и ми отговаря според това,
което е добре за мен.

И ето че винаги трябва да моля Твореца
да ми помага според моето разбиране,
а Твореца ми помага според Неговото разбиране
за това, което е добро за мен.

(СТАТИЯ „ПО ПОВОД УВЕРЕНОСТТА")

ГОТОВ СЪМ ДА РАБОТЯ С ВСИЧКИ СИЛИ

Искам да бъда работник на Твореца,
дори ако нямам никаква представа за работата
и нямам никакъв вкус към работата,
и все пак съм готов да работя
с всичките си сили, сякаш имам постижение,
и усещане, и вкус към работата,
и съм готов да работя без никакви условия.

(СТАТИЯ „КАКВО ОЗНАЧАВА, ЧЕ „ЧОВЕК ТРЯБВА ДА РОДИ СИН И ДЪЩЕРЯ" В ДУХОВНАТА РАБОТА")

ИСКАМ ДА ТИ ДОСТАВЯ НАСЛАЖДЕНИЕ

Нямам нужда от никаква изгода,
а аз искам само да доставя
наслаждение на Висшия
и не ми е важно какво чувствам.

(СТАТИЯ „ПРОТИВОРЕЧИЕТО НА СТАРЦИТЕ – ТВОРЕНИЕ, ТВОРЕНИЕТО НА МЛА-
ДИТЕ-ПРОТИВОРЕЧИЕ")

ВЯРВАМ, ЧЕ ТВОРЕЦА ЩЕ СЕ НАСЛАДИ

Не е важно как се чувствам,
когато се занимавам с Тора и заповедите,
тъй като всичките ми мисли
са насочени към благото на Твореца.
Затова върша моята работата и вярвам,
че Твореца ще се наслади на това.

(СТАТИЯ „КАКВО ОЗНАЧАВА, ЧЕ СЪДИЯТА ТРЯБВА ДА СЪДИ С АБСОЛЮТНО ИСТИНСКИ СЪД, В ДУХОВНАТА РАБОТА)

ПОМОГНИ МИ, ИНАЧЕ СЪМ ЗАГУБЕН

Доволен съм, че виждам истината,
че съм далеч от истинската работа,
затова сега имам възможност
от цялото си сърце да моля Твореца
да ми помогне, иначе съм загубен,
защото виждам, че нямам сили да преодолея
и да изляза от властта
на желанието за получаване.

(СТАТИЯ „КАКВО ОЗНАЧАВА, ЧЕ СЪДИЯТА ТРЯБВА ДА СЪДИ С АБСОЛЮТНО ИСТИНСКИ СЪД, В ДУХОВНАТА РАБОТА)

КАКВО СЪМ ВИНОВЕН, ЧЕ ТОЙ МЕ Е СЪЗДАЛ ТАКЪВ?

Какво съм виновен, че Той ме е създал
от разбити келим и заради това в мен
има всички лоши страсти и зли мисли?
И всичко това се появява у мен,
само защото произлизам
от разбиването на келим,
а там е било първото място,
в което поискали да привлекат
висшето благо в получаващото кли
с намерение за получаване,
без никакво намерение за отдаване.

И затова в мен живее егоистичната любов,
и затова съм далече от всичко духовно,
и нямам никакъв дял в светостта,
защото нейна основа са единствено келим
с намерение за отдаване

И ето че всичко, заради което страдам,
е защото нямам никакъв вход към светостта.

(СТАТИЯ „ТРИ МОЛИТВИ-1")

ОТ ДНЕС НАТАТЪК ЩЕ ВЪРВЯ НАПРЕД

Не знаех колко потопен съм
в суетата на времето и празните неща.
Не обръщах внимание, че трябва бъда достоен.

И в песента се казва:
„Ще се прославите в Мен, защото Ме желаете" -
и аз също трябва да изричам думите
на тази песен, защото всички синове на Израел
„имат дял в бъдещия свят", точно както е казано:
„Спря се и скри (го) за бъдещите праведници".

И сега, когато съм далече от всичко това,
недопустимо е да се отчайвам,
а трябва само да бъда уверен в Твореца,
„защото Ти чуваш молитвите на всички уста",
„всички" значи на много.

И дори устните ми да не изричат
точно онова, което е нужно,
несъмнено тринадесетте свойства
на милосърдието ще се пробудят и за мен.

От днес и нататък се надявам,
че ще вървя напред,
макар че неведнъж съм го казвал,
но накрая оставах в своята низост.

(ПИСМО 28)

МОЛЯ СЕ ДА ЧУЕШ МОЯТА МОЛИТВА

Че намерението трябва да е за небесата
изобщо не мислех и разчитах на моята работа
- както цялото общество, което мисли
само за действията, а не за намеренията,
и имах вкус в работата и вкус в молитвата.

И знаех, че сега се моля на Твореца,
и Той чува моята молитва.
И имах силата да продължа молитвата.
И никога не се вглеждах, докато се моля,
дали Твореца чува моята молитва.

Значи, че нямах никаква
критика към моите действия,
вървях в съвършенство и увереност,
че разбира се всичко е наред.

А сега, когато трябва да се издигна
по стъпалата на светостта,
защото искам да служа в името на небесата,
за да се приближа до Твореца,
какво имам сега - само отдалечаване
от мястото, където трябваше
да получа приближаване.

А истината е, че трябва да вярваме
във вярата на мъдреците
и да не вървим след разума.

(СТАТИЯ „КАКВО ОЗНАЧАВА:"ШХИНА СВИДЕТЕЛСТВА ЗА ИСРАЕЛ"
В ДУХОВНАТА РАБОТА")

ИЗДИГНИ МЕ ОТ НИЗОСТТА

Безразлично ми е, че съм като животно
и правя само животински действия,
и цялата ми грижа в това състояние е,
просто да моля Твореца да ми даде
да почувствам повече вкус
в материалните наслаждения.
И освен това, не чувствам никакъв недостиг.

(СТАТИЯ „СЪЩНОСТТА НА СТРОГОСТТА НА ЗАБРАНАТА ЗА ПРЕПОДАВАНЕ НА ТОРА НА ИДОЛОПОКЛОННИЦИТЕ")

БЕЗУСЛОВНО СМИРЕНИЕ

Тъй като работя само
за да се наслаждава Твореца,
каква разлика има
дали изпитвам вкус от това или не?

Ако работех за собствена полза,
щеше да си прав за онова, което ми казваш,
че не усещаш никакъв вкус
и защо тогава работиш?
Подобно на храната - ако човек
не й се наслаждава, не я яде.

Но аз работя заради ползата
на Твореца. В такъв случай защо
да е важно какъв вкус усещам?

(СТАТИЯ „КАКВО ОЗНАЧАВА" ВСЕКИ, КОЙТО СКЪРБИ ЗА ЙЕРУСАЛИМ,
Е УДОСТОЕН И ГО ВИЖДА В РАДОСТ „В ДУХОВНА РАБОТА")

БЕЗ НИКАКВИ УСЛОВИЯ

Искам безусловно да Ти служа,
дори ако не усещам Твоето величие,
но искам да вярвам, че Ти си велик
и си струва да работя за Теб.

(СТАТИЯ „КАКВО Е СВОЙСТВО НА РАЗУЗНАВАЧИТЕ В ДУХОВНАТА РАБОТА")

ОСВЕН МОЛИТВА НЯМА КАКВО ДА ДАМ

Вглеждам се в малката точка,
която се нарича любов към ближния.
И размишлявам над нея:
какво мога да направя,
за да бъдат всички в наслада?

И когато гледам цялото общество,
виждам мъката, болестите, болката
и страданието на всеки човек от обществото
и войни между народите.

Но освен молитва нямам какво да им дам.

(СТАТИЯ „ЛЮБОВ КЪМ БЛИЖНИЯ")

СРЕД НАРОДА МОЙ ЖИВЕЯ АЗ

Моля за цялото общество,
защото искам да стигна до
състояние, когато няма да ме е грижа за
себе си, а [ще се грижа]
само да има наслаждение у Твореца.

(СТАТИЯ „МОЛИТВА НА МНОГОТО")

УВЕРЕН В ТЕБ

Уверен съм, че Твореца
ще ми помогне сега,
защото сега стигнах
до осъзнаването на истината,
че без помощта на Твореца
е напълно невъзможно.

(СТАТИЯ „КАКВО Е" БЕЗ СИНОВЕ „В ДУХОВНАТА РАБОТА")

НАДЕЖДА

Няма съмнение,
че Твореца ще ми помогне
и ще приеме моята молитвата.

(СТАТИЯ „ВНИМАВАЙТЕ, НЕБЕСА")

ЧАСТ 3

БЕЗ ТЕБ СМЕ ИЗГУБЕНИ

АКО ТИ НЕ НИ ПОМОГНЕШ, НИЕ СМЕ ИЗГУБЕНИ

Ако Ти не ни помогнеш,
тогава всички наши действия
ще бъдат само заради собствена ни изгода. […]

Ако Ти не ни помогнеш,
тогава всички наши действия
ще бъдат само заради себе си,
заради нашата собствена полза,
защото нямаме сила да преодолеем
желанието за получаване.
Затова помогни ни,
за да можем да работим заради Теб.
Ето защо трябва да ни помогнеш.

Това се нарича „направи заради Теб",
значи Ти да направиш това действие,
за да ни дадеш силата
на желанието за отдаване.
Иначе, тоест „ако не", ние сме изгубени.

Значи ще останем
в желанието за получаване за собствена изгода.

(СТАТИЯ „КАКВО ОЗНАЧАВА, ЧЕ ДОБРИТЕ ДЕЛА НА ПРАВЕДНИЦИТЕ СА ТЯХНОТО ПОРАЖДАНЕ, В ДУХОВНАТА РАБОТА)

ДАЙ НИ ОТ ТВОЯТА СЪКРОВИЩНИЦА

Дай ни сега кли,
желание от Твоята съкровищница. […]

Ние искаме:
„От съкровищницата на безкористния дар" -
от Твоята съкровищница,
защото Ти имаш желание за отдаване,
и Ти безкористно ни даваш това желание -
дай ни, за да можем и ние да работим
безкористно без да получаваме награда.

(СТАТИЯ „КАКВО Е ПОДАРЪК, КОЙТО ЧОВЕК ИСКА ОТ ТВОРЕЦА")

НЕ СЕ ОТДАЛЕЧАВАЙ ОТ НАС

Не се отдалечавай от него,
дай ни разбиране, че това не е отдалечаване,
а Ти го правиш за нашето добро,
за да знаем, че всичко, което правиш –
всичко е заради нашето добро.

(СТАТИЯ „КАКВА Е МЯРАТА ЗА ВЪЗВРЪЩАНЕ")

НАПРАВИ ЧУДО С НАС

Направи чудо с нас, за да можем
да работим без никаква награда
и това е над знанието.

И във всеки случай нямаме разума
да Ти кажем, под каква форма
Ти да се погрижиш за нас,
но над нашето знание се грижѝ.
Ние искаме да вървим над знанието,
макар в човешкия разум
да няма такава реалност.

(СТАТИЯ „КАКВО Е ЗНАМЕНИЕ В ДУХОВНАТА РАБОТА")

ДАЙ НИ ДАР

Дай ни в дар отдаващи келим,
както си ни дал кли желание за получаване.

Молим Теб, защото чувстваме
необходимост от отдаващи келим.

А какво са отдаващи келим?
Да можем да работим безкористно
без никаква награда,
а цялата ни работа да бъде
само за отдаване.

(СТАТИЯ „КАКВО Е ПОДАРЪК, КОЙТО ЧОВЕК ИСКА ОТ ТВОРЕЦА")

ДАЙ НИ ВЪЗМОЖНОСТ

„Отче наш, Цар наш,
разкрий славата на Твоето царство
върху нас скоро".

Тогава ще имаме възможност
да отменим нашето желание за получаване.

(СТАТИЯ „КАКВО ОЗНАЧАВА, ЧЕ МАСЛОТО СЕ НАРИЧА ДОБРИ ДЕЛА, В ДУХОВНАТА РАБОТА")

ДАЙ НИ СИЛИ ДА ТЕ МОЛИМ

„Не ни прогонвай в момент на старост,
когато силите ни ще отслабнат,
не ни оставяй".

Не ни отхвърляй
по средата, но дай ни сили и търпение,
и да не избягаме от бойното поле.
Дай ни още и сили да Ти се молим
да ни дадеш желание за отдаване.

(СТАТИЯ „КАКВО ОЗНАЧАВА БЛАГОСЛОВЕНИЕ И ПРОКЛЯТИЕ
В ДУХОВНАТА РАБОТА")

ОТВОРИ НИ ВРАТАТА

Ние молим (в молитвата „Неила"):
„Отвори ни вратата, когато
вратата се затваря"…

Молим да ни я отвориш точно сега,
когато вратата се затваря,
сякаш само сега можем да се молим,
защото преди това нашите молитви
не са били достатъчни.

(СТАТИЯ „С КАКВО СЕ РАЗЛИЧАВАТ ВРАТАТА НА СЪЛЗИТЕ
ОТ ВСИЧКИ ОСТАНАЛИ ВРАТИ")

ВДИГНЕТЕ ШХИНА ОТ ПРАХА

Ние се молим,
да издигне Твореца Шхина от прахта,
както е казано: „Милосърден, Той издига
за нас падащата шатра на Давид".

(СТАТИЯ „КАКВО ОЗНАЧАВА:" ЗАЩОТО В ТОВА Е ВАШАТА МЪДРОСТ
И РАЗУМ В ОЧИТЕ НА НАРОДИТЕ"В ДУХОВНАТА РАБОТА")

НИКОЙ НЯМА ДА ПОМОГНЕ — САМО ТИ

„Отец наш, Цар наш, нямаме друг Цар".
Няма никаква реалност, в която да имаме
такава вяра в Царя, че да можем да Му служим
в свойството „заради Твореца,
който е велик и управлява всичко",
а само Ти, тоест само Твореца
може да ни помогне.

(СТАТИЯ „КАКВО ОЗНАЧАВА „НИЕ НЯМАМЕ ЦАР, ОСВЕН ТЕБ",
В ДУХОВНАТА РАБОТА")

РАЗКРИЙ НИ СЛАВАТА СИ

„Разкрий славата на Твоето царство върху нас",
за да имаме сили да отменим себе си
и да можем да работим само
за славата на Царя.

(СТАТИЯ „КАКВО ОЗНАЧАВА, ЧЕ МАСЛОТО СЕ НАРИЧА ДОБРИ ДЕЛА
В ДУХОВНАТА РАБОТА")

СКОРО В НАШИ ДНИ

„И построй Йерусалим скоро в наши дни", за да бъде слава за целия свят.

(СТАТИЯ „КАКВО ОЗНАЧАВА „ВСЕКИ, КОЙТО СКЪРБИ ЗА ЙЕРУСАЛИМ СЕ УДОСТОЯВА И ГО ВИЖДА В РАДОСТ" В ДУХОВНАТА РАБОТА")

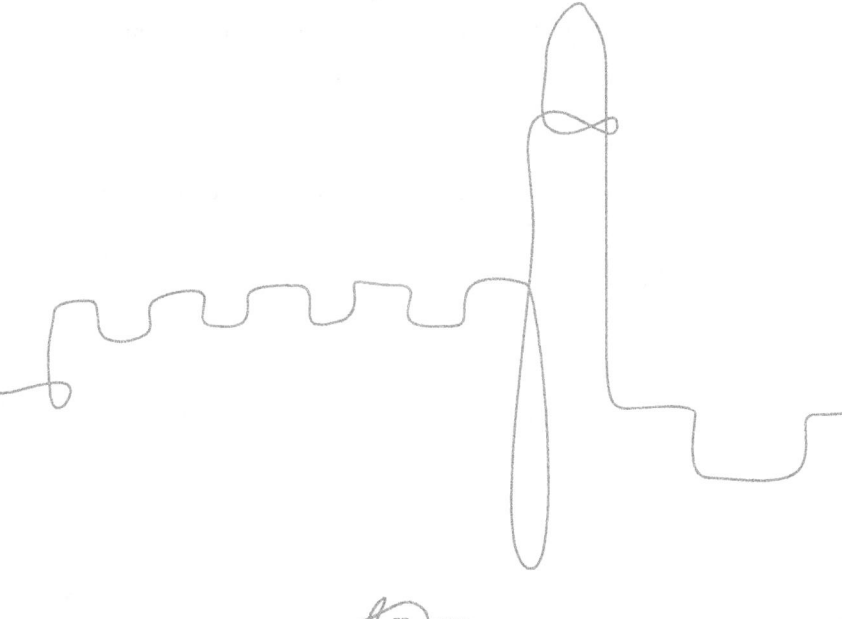

АКО НЕ ЗАРАДИ НАС, НАПРАВИ ГО ЗАРАДИ СЕБЕ СИ

Молим Твореца да ни даде
желание за отдаване, за да бъдем в сливане
с Неговото Свято Име.
Защото от наша страна не сме способни
да преодолеем желанието си за получаване
и да го усмирим, за да се отмени
и да отстъпи място на желанието за отдаване,
което да властва над тялото.

„Отец наш, Цар наш,
ако не заради нас, направи го заради Себе Си".

(СТАТИЯ „КАКВО ОЗНАЧАВА, ЧЕ ДОБРИТЕ ДЕЛА НА ПРАВЕДНИЦИТЕ СА ТЕХНИ ПЛОДОВЕ В ДУХОВНАТА РАБОТА")

САМО ТИ МОЖЕШ ДА НИ ДАДЕШ ДА ПОЧУВСТВАМЕ

„Отец наш, Цар наш,
нямаме друг Цар освен Теб".

Само Ти можеш да ни дадеш
да почувстваме, че имаме велик Цар
и че си струва да работим заради Него,
за да Му доставим наслаждение.

(СТАТИЯ „КАКВО ОЗНАЧАВА „НИЕ НЯМАМЕ ДРУГ ЦАР, ОСВЕН ТЕБ", В ДУХОВНАТА РАБОТА")

ДАЙ ПОЧИТ НА СВОЯ НАРОД

„Дай почит на Своя народ" —
за да може състоянието отдаване да се ползва
от нас с почитание, а не с презрение.

(СТАТИЯ „И ТОЙ ВИДЯ, ЧЕ НЕ ГО ПРЕОДОЛЯВА")

ВЪРНИ НИ, ОТЕЦ НАШ

Отправяме молба към Твореца
и казваме, и се молим:
„Върни ни, Отец наш".

(СТАТИЯ „ЧОВЕКЪТ НЕ СЕ СЧИТА ЗА ГРЕШНИК")

ИЗБАВЛЕНИЕ

Нямаме други молитви, освен една:
да вдигнем Шхина от праха
и с това ще дойде избавлението.

(СТАТИЯ „ЧУВА МОЛИТВАТА")

ИЗВЕДИ НИ ОТ РОБСТВОТО НА СВОБОДА

„Той издига от праха бедняка",
защото съм беден аз
и усещам вкуса на праха,
и съм нисш, и изхвърлен в отпадъците!
И всичко е заради скриването
на лика на Твореца, което пребивава в света,
затова молим Твореца да ни изведе
от робството на свобода.

(ПИСМО 23)

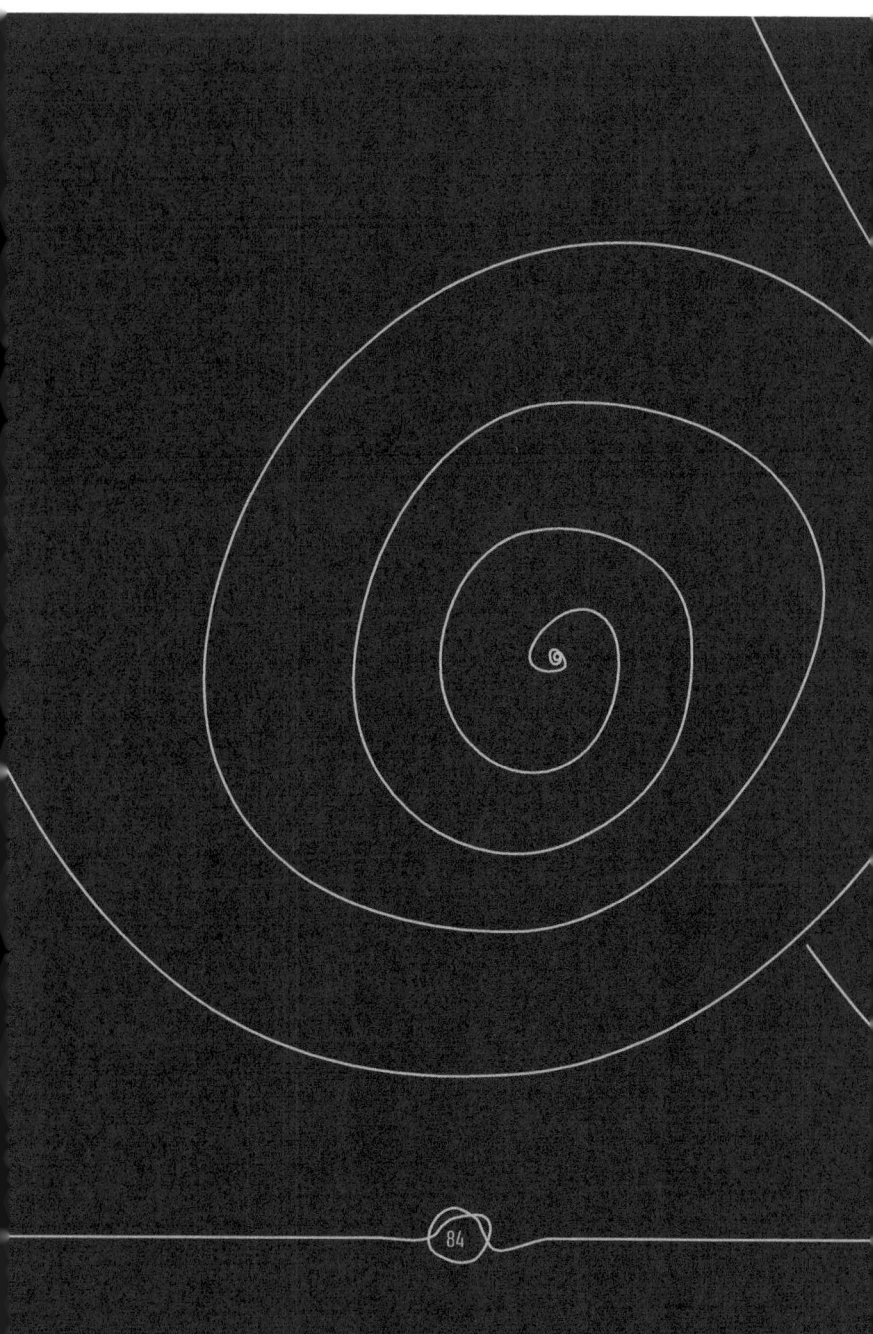

ЧАСТ 3

АЗ СЪМ ПРЪВ

И

АЗ СЪМ ПОСЛЕДЕН

АЗ ТИ ДАДОХ ЖЕЛАНИЕТО ДА СЕ МОЛИШ

Когато човек отива да се моли,
това се случва, защото Аз му дадох
мисъл и желание да отиде да се моли.

(СТАТИЯ „НЯМА ОБЩНОСТ ПО-МАЛКА ОТ ДЕСЕТ")

АЗ НАПЪЛНИХ ТВОЯ ХИСАРОН

„Както Аз бях първи,
като ти дадох този хисарон,
така Аз съм и последен.
Тоест Аз ти дадох напълване
на този хисарон".

Защото хисаронът се нарича „кли",
а напълването се нарича „светлина".

(СТАТИЯ „АЗ СЪМ ПЪРВИЯТ И АЗ СЪМ ПОСЛЕДНИЯТ")

АЗ СЕ СВЪРЗАХ С ТЕБ

„Аз съм първият и Аз съм последният".
Тоест „Аз се свързах с теб".
И от това човекът трябва да се пробуди.
Но не човекът завършва работата.
А както е казано:
„Твореца ще завърши за мен".

(СТАТИЯ „КАКВО ОЗНАЧАВА, ЧЕ БЛАГОДАРЕНИЕ НА ЕДИНЕНИЕТО НА ТВОРЕЦА И НЕГОВАТА ШХИНА ВСИЧКИ ГРЕХОВЕ ЩЕ БЪДАТ ИЗКУПЕНИ, В ДУХОВНАТА РАБОТА")

КАКВО ИСКАМ ОТ ВАС

Това, което Аз искам от тях,
е да почувстват истината:
колко те са далече от истината,
тоест от работата заради небесата.

И тогава, когато от тяхна страна
има такова искане, че не са способни
да работят лишма, тогава ще видите,
как Аз ще ви дам тази сила
да работите заради Твореца.

Но Аз не изисквам от вас да можете
да вървите по пътя на истината,
Аз се нуждая единствено да имате кли
за получаване на висшето благо.

Затова, когато започнете
да работите заради отдаване,
ще видите, че не сте способни на тази работа,
тогава Аз ще ви дам това, което се нарича:
„със силна ръка той ще ги пусне".

(СТАТИЯ „ТРИ МОЛИТВИ – 2")

АЗ ВИ ОБИЧАМ

Когато народите на света във вас
властват над свойството Исраел във вас,
и вие от цялото си сърце викате към Мен
„Спаси ни!", тогава Аз ви обичам.
Защото само тогава Аз мога да изпълня
всичко, което обещах на праотците
за наследяването на земята,
защото сега вече имате келим,
за да получите Моето благословение,
което значи отдаващи келим.

(СТАТИЯ „КАКВО ОЗНАЧАВА: „И ЩЕ МЕ ВИДИШ ОТЗАД, А ЛИЦЕТО МИ НЯМА ДА СЕ ВИЖДА" В ДУХОВНАТА РАБОТА")

Обучителна платформа на Международната академия по Кабала

https://kabbalah.academy/bg

Милиони студенти по целия свят изучават науката Кабала. Изберете удобен за вас метод за обучение на сайта.
Нашата онлайн платформа ще ви позволи да преминете обучение от най-добрите преподаватели в Академията, изучавайки уникални кабалистични източници.
Общувайки в онлайн общността, ще имате индивидуален съпровод на асистент-преподавател.

Онлайн магазин за кабалистични книги

https://www.kabbalahbooks.info/collections/books

Най-големият международен онлайн магазин за кабалистична литература. Тук е представена най-широката и уникална гама от научна, учебна и художествена литература по кабала, включително кабалистични първоизточници.
Възможност за поръчка на книга от всяка точка на света.

Международна академия по Кабала

https://www.kabbalah.info/

Сайтът на Международната академия по кабала е неограничен източник на достоверна информация за науката кабала.
Тук ще получите достъп до уникално съдържание - библиотеката на кабалистичните първоизточници, широк спектър от предавания и архив на лекциите
Сайтът дава възможност да се свържете с преки излъчвания на ежедневните уроци на основателят и ръководител на Международната академия по кабала Михаел Лайтман за всички, които се занимават в дълбочина с изучаването на науката кабала и изследване на кабалистичните първоизточници.

ОТ ДЪЛБИНИТЕ НА МОЕТО СЪРЦЕ

СБОРНИК МОЛИТВИ ОТ ТРУДОВЕТЕ НА РАБАШ

ISBN 978-1-77228-201-6

Подбор от оригинални откъси:
Дуди Ахарони и Инбал Гвили.
Подбор от преведени цитати: Наталия Булкин.
Превод на предговора: Илана Грийнбърг.
Дизайн: Студио Пери.
Оформление: Константин Рудешко.
Подготовка за печат: Йосеф Левински.
Редактор: Светлана Добродуб

© 2025 от Бней Барух – Асоциация Кабала Ла'ам.
4934826, ул. Ха-Рабаш 12, Петах Тиква, Израел.
Всички права запазени

БЪЛГАРСКО ИЗДАНИЕ:
Превод: Жанна Фридман
Редактор: Венцислава Атанасова и Теодора Крушева
Предпечат и оформление: Евелина Къвръкова

www.ingramcontent.com/pod-product-compliance
Lightning Source LLC
Chambersburg PA
CBHW071908070526
44583CB00016B/1891